CONCORDAT,

OU

Traité de paix entre les Citoyens Blancs et les Citoyens de Couleur des quatorze paroisses de la Province de l'Ouest de la partie française de Saint-Domingue.

L'AN mil sept cent quatre-vingt-onze, et le mercredi dix-neuvième jour du mois d'octobre, à neuf heures du matin, les commissaires de paix des citoyens blancs et des citoyens de couleur des différentes paroisses de la province de l'ouest se sont réunis sur l'habitation Goureau, dépendante de la paroisse du Port au-Prince, pour faire, entre les citoyens blancs et les citoyens de couleur de ladite province de l'ouest, un traité solide et inébranlable.

Les commissaires présens ont pris séancé, et ceux des citoyens blancs ont nommé par acclamation, pour leur président, à l'effet d'ouvrir l'assemblée et de proclamer le résultat des scrutins, M. Leremboure père, et pour scrutateurs, MM. Tiby et Dufour. Ils ont procédé ensuite à la nomination d'un président et d'un secrétaire ; vérification faite des scrutins, il en est résulté que M. Caradeux aîné étoit nommé président, à la pluralité de quinze voix, et M. Dufour, à la pluralité de treize voix, et ce, pour toute la durée de l'assemblée.

Les commissaires des citoyens de couleur ont nommé par acclamation, pour leur président, M. Pinchinat ; pour leur secrétaire, M. Dubourg, non-seulement pour l'ouverture de l'assemblée, mais pour toute sa durée.

Lesquels président, secrétaire et scrutateurs ci-dessus nommés, ont accepté lesdites charges, et ont, en présence de l'assemblée, prêté le serment de se bien et fidèlement comporter en icelles.

Ensuite il a été procédé à la vérification des pouvoirs des commissaires, ainsi qu'il suit :

Il a été fait remise sur le bureau, par les commissaires des citoyens blancs et de couleur desdites paroisses, de 18 arrêtés, dont il est résulté, après lecture et vérification faites d'iceux,

A

qu'il a été nommé commissaires des citoyens blancs, avec pouvoirs illimités ; savoir :

MM. d'Arnau et Dufaut, pour la paroisse du Grand-Goave, par un arrêté de ladite paroisse, du 16 du présent mois.

MM. Caradeux aîné, Vincendon-Dutour, Catherinot, Camfrancq, Leremboure père, Boyer, Dufour et Guieu, pour la paroisse du Port-au-Prince, par ladite assemblée en quatre sections, le 17 octobre présent mois, ainsi qu'il résulte du procès-verbal dudit jour.

MM. Grasset aîné et Drouin, pour la paroisse de Saint-Marc, par arrêté de ladite paroisse, du 16 octobre présent mois.

MM. Tiby aîné et de Lagroix, pour la paroisse de Léogane, par l'arrêté de ladite paroisse, du 16 octobre présent mois.

MM. Leydeit et Baudoulx, pour la paroisse de Mirbalais, par l'arrêté de ladite paroisse, du 16 octobre présent mois.

MM. Raboteau et Pongaudin, pour la paroisse des Gonaïves, par l'arrêté de ladite paroisse, du 16 octobre présent mois.

MM. Piver et Avril, pour la paroisse de la Petite-Rivière, par l'arrêté de ladite paroisse, du 16 octobre présent mois.

MM. Lathoison, Desvareux et Hamon de Vaujoyeux, pour la paroisse de la Croix-des-Bouquets, par l'arrêté de ladite paroisse, du 17 octobre présent mois.

Et qu'il a été nommé commissaires, avec pouvoirs limités ; savoir :

MM. Dupalis aîné et Feneyrol, pour la paroisse du Petit-Goave, par l'arrêté de ladite paroisse, du 16 octobre présent mois.

MM. Tavet Ragon, pour la paroisse de Jacmel, par l'arrêté de ladite paroisse, du 17 octobre présent mois.

MM. Allenet et d'Oleyres, pour la paroisse de l'Arcahaye, par l'arrêté de ladite paroisse, du 16 octobre présent mois.

Et de la part des citoyens de couleur, avec pouvoirs illimités ;

MM. Pinchinat, Bornot aîné, Etienne Saljusan, Alexandre Petit-Bois et Jean-Baptiste Nivard, pour la paroisse de Mirbalais.

MM. Lapointe, Chanlatte fils, Parbancour, Hugville, Juste Drouillard, Sterlein, Créplanie et Leblanc, pour la paroisse de l'Arcahaye.

MM. Deslandes et Lazare Perodin, pour la paroisse de la Petite-Rivière de l'Artibonite.

MM. Jean-baptiste Paul, Jean Jolly fils, Cyprien Jolly et Charles Lepinard, pour la paroisse des Vérettes.

MM. Jean Savary, Jean-Baptiste Dubourg, Aug. Ducla,

Jean-Baptiste Pinson fils et François Périsse, pour la paroisse de Saint-Marc.

MM. Beauvais, Rigaud, Lambert, Doyon aîné, Pellerin, Marc Borvo, Charles Ollivier, Poisson aîné, Dégand, Petion, Lillavois ; Barthelemi Médor, pour les paroisses du Port-au-Prince et de la Croix-des-Bouquets, qui composoient le corps primitif de l'armée campée actuellement au bourg de la Croix-des-Bouquets.

Tous lesdits arrêtés faits audit camp de la Croix-des-Bouquets, par les citoyens de chacune desdits paroisses, le 18 octobre présent mois.

Et MM. Laquinte de Clavin, Louis de Clavin, Pierre Coquillo, pour la paroisse des Gonaïves, par l'arrêté des ci-toyens de couleur de ladite paroisse, du 16 octobre présent mois.

De la susdite vérification des pouvoirs, il résulte qu'il y a onze paroisses dont les citoyens blancs sont représentés, et qui fournissent le nombre de vingt-huit commissaires ; et qu'il y en a huit dont les citoyens de couleur sont représentés, et qui fournissent le nombre de vingt-huit commissaires, ce qui donne, de l'une et de l'autre part, la majorité absolue, tant des paroisses de la province, que des commissaires qu'elles doivent fournir collectivement.

Tous lesquels commissaires ont été présens, à l'exception de M. Boyer, commissaire de la paroisse du Port-au-Prince, et de M. Ragon, commissaire de la paroisse de Jacmel.

Un des commissaires ayant observé que trois paroisses avoient donné des pouvoirs limités à leurs commissaires blancs, mais que la majorité desdits commissaires n'en étoit pas moins acquise, puisqu'en ne comptant pas ceux qui n'ont que des pouvoirs limités, il en resteroit toujours vingt-deux, ce qui fait la grande majorité du nombre de trente-quatre que toutes les paroisses devoient fournir.

La matière mise en délibération et mûrement discutée, il a été arrêté à l'unanimité que lesdits commissaires délibéreroient conjointement avec ceux qui en ont d'illimités, sauf à faire approuver, par un nouvel arrêté de leur paroisse, les articles du traité qui excéderoient leurs pouvoirs.

Après quoi il a été dit par les commissaires des citoyens de couleur, que le 11 septembre dernier, ils avoient fait un concor-dat avec les citoyens blancs du Port-au-Prince.

Qu'au moment où ils croyoient toucher au terme de leur malheur, les ennemis du bien public, jaloux de la prospérité de cette colonie, n'avoient cessé de secouer le flambeau de la discorde et de la guerre civile.

Que depuis le 11 septembre dernier, fidèles à leurs principes, pleins de zèle pour la conservation des propriétés, ayant tout à craindre d'une insurrection générale, frappés du spectacle affreux de quelques habitans de la plaine, qui avoient failli à être assassinés au milieu de leur camp et sous leurs yeux, les citoyens de couleur s'étoient adressé à la ville du Port-au-Prince, pour en obtenir des canons, des fusils et des munitions de guerre, afin d'opposer aux ennemis communs des forces capables de leur en imposer ; que, sans avoir égard à la justice et à la légitimité de leur demande, on leur avoit refusé avec obstination toute espèce de secours.

Que l'assemblée provinciale du Port-au-Prince, persistant dans les principes inconstitutionnels, avoit envoyé au Cap des commissaires qui, après avoir mal instruit M. le général sur le compte des citoyens de couleur, en avoient obtenu une proclamation contraire à presque tous les articles du concordat du 11 septembre dernier ; une proclamation qui, contre le vœu même des propriétaires de la province de l'ouest, ordonne la dissolution d'une armée qui, jusqu'aujourd'hui, ne s'est occupée que des moyens d'empêcher les insurrections de toute espèce, dont l'activité est reconnue nécessaire, et doit être maintenue conformément à l'article IV du concordat du 11 septembre dernier : d'une armée enfin dont la dispersion subite, de quelque manière qu'elle fût opérée, entraîneroit infailliblement la ruine des provinces de l'ouest et du sud.

Que la prétendue municipalité du Port-au-Prince avoit, de son autorité privée, et sans consulter le vœu des citoyens de couleur, arrêté qu'il seroit fait un serment fédératif, auquel seroient appelés seulement les citoyens de couleur de la paroisse du Port-au-Prince ; qu'ayant regardé cet arrêté comme un piège tendu par la susdite municipalité, pour faire connoître aux citoyens de couleur son existence illégale, ces derniers avoient répondu à l'invitation qui leur avoit été faite par MM. Leremboure père, Taxis de Blaireau et Malahar, par une lettre où les raisons de leur refus se trouvoient détaillées ; qu'ils avoient fait en outre, à cette occasion, des adresses à MM. Desaulnois, de Blic, de Grimouard, et à MM. les capitaines des vaisseaux du commerce.

Que ce fut alors qu'arriva la proclamation de M. le général ; que partagés entre le désir d'obéir à cette proclamation, et la crainte de voir s'effectuer les dangers qui menaçoient les restes

chancelans de cette colonie, les citoyens de couleur avoient re-
quis une assemblée des habitans de la plaine du Cul-de-Sac, qui,
cherchant à concilier leurs propres intérêts avec l'obéissance
qui est due au représentant du roi, s'étoient adressés à M. Desaulnois et aux citoyens du Port-au-Prince, pour travailler de
concert à obtenir de M. le général, la suspension de l'effet de
sa proclamation ; qu'en conséquence, les habitans du Cul-de-
Sac avoient envoyé au Port-au-Prince des députés qui faillirent
être les victimes de leur zèle et de leur patriotisme ; qu'à la
réception des différentes lettres adressées aux citoyens du Port-
au-Prince, ils s'étoient aussi-tôt assemblés et avoient déclaré nul
un concordat solemnel et marqué du sceau d'une cérémonie
religieuse.

Que depuis le concordat du 11 septembre dernier, les citoyens
du Port-au-Prince, qui vouloient leur imposer la loi de s'adresser aux corps populaires pour en obtenir leurs demandes ; que
fermes dans leurs principes, et ne voulant en aucune façon
dépendre du caprice des hommes, ils avoient mieux aimé se
priver de leurs besoins physiques, que de s'adresser, pour les
obtenir, à des corps inconstitutionnels, contre l'illégalité des-
quels ils avoient déjà protesté.

Que tous ces refus, différens avis, des lettres incendiaires,
des libelles, l'arrivée des vaisseaux anglois, et les bruits d'in-
dépendance qui couroient, avoient depuis long-temps répandu
l'alarme et le désespoir parmi les citoyens de couleur, au
point qu'il a fallu toute la prudence et la fermeté des chefs
pour contenir l'impétuosité de leur armée ; que dernièrement
encore, après les propositions de paix faites par la lettre de
M. Caradeux, commandant général de la garde nationale de
Port-au-Prince, en date du 12 du courant, et dans un temps
où tout devoit concourir à faire cesser les malheurs qui affli-
gent cette colonie, les mal-intentionnés du Port-au-Prince
s'étoient portés à des excès incroyables d'effervescence contre
un détachement de l'armée des citoyens de couleur, qui, se
reposant sur la foi des promesses et des traités, avoit été cher-
cher des vivres au Port-au-Prince ; ensorte que, malgré les
bonnes intentions et les efforts des vertueux citoyens, ce détachement, après avoir échappé à la fureur de ceux qui le pour-
suivoient, a été obligé de revenir au camp sans apporter les
vivres qui avoient été promis.

Que néanmoins le désir ardent d'une réunion sincère, leur attachement aux intérêts de la mère-patrie et à leurs concitoyens,
l'aspect de leur patrie prête à être réduite en cendres, leur font

accueillir, avec des transports d'allégresse, les propositions de paix qui leur ont été faites par M. Caradeux, commandant général de la garde nationale du Port-au-Prince ; que pour parvenir à une réunion générale dans la province de l'ouest, ils ont invité toutes les paroisses de sa dépendance à concourir au traité de paix qui doit avoir lieu aujourd'hui.

En conséquence, les commissaires des citoyens de couleur, considérant que la confiance et la justice sont les bases essentielles d'une paix solide et inébranlable, voulant coopérer les dispositions du concordat du 11 septembre dernier, et pourvoir en même-temps à leur sûreté individuelle, ont fait les demandes suivantes, auxquelles les commissaires des citoyens blancs ont répondu, ainsi qu'il est imprimé en *italique*.

Demandes des commissaires des citoyens de couleur.

ARTICLE I. Le concordat du 11 septembre dernier, entre les citoyens blancs de la garde nationale du Port-au-Prince, et la garde nationale des citoyens de couleur, campés au bourg de la Croix-des-Bouquets, sera reconnu légal et conforme à la constitution ; en conséquence, les articles qui y sont insérés, seront exécutés suivant leur forme et teneur, avec les changemens, amendemens et augmentations qui pourroient être faits par le présent traité de paix. *Accepté.*

2. L'arrêté de la paroisse du Port-au-Prince, en date du 11 du présent, mois portant cassation dudit concordat du 11 septembre dernier, sera déclaré nul et de nul effet. *Accepté*

3. Il sera reconnu que la proclamation de M. le général, en date du 26 septembre dernier, a été surprise à sa religion ; qu'il a été mal instruit des raisons, événemens et circonstances qui y ont donné lieu ; qu'elle est absolument contraire aux articles 1, 3, 4, 5, 6, 10 et 11 du concordat du 11 septembre dernier ; en conséquence, l'exécution de cette proclamation sera suspendue, et les citoyens blancs de la province de l'ouest s'obligeront d'employer tous les moyens qui sont en leur pouvoir pour en obtenir la révocation. *Accepté*

4. L'article 1 du concordat du 11 septembre dernier, sera exécuté selon sa forme et teneur, et les citoyens blancs et de couleur s'entendront pour réclamer auprès du représentant du roi l'exécution littérale de tous les points et articles des décrets et instructions de l'assemblée nationale, sanctionnés par le roi. *Accepté.*

5. Pour parvenir à l'exécution de l'article V du concordat du

11 septembre dernier, l'illégalité des municipalités, assemblées provinciales et coloniales, étant déja bien reconnues, tous les actes déjà émanés, ou qui émaneront de ces corps inconstitutionnels, seront déclarés nuls, et leur dissolution sera opérée comme il sera dit dans les trois articles suivans. *Accepté comme il sera dit dans les trois articles ci-après.*

6. Pour éviter le désordre et l'anarchie, il sera substitué à chaque municipalité de la province de l'ouest, un bureau de police, qui, provisoirement et en attendant les nouveaux plans d'organisation de l'assemblée nationale pour les colonies, exercera les fonctions attribuées aux municipalités ; lequel bureau de police sera composé de membres choisis parmi les citoyens blancs et de couleur. Convenus en ces termes : « Les municipalités existantes subsisteront provisoirement, jusqu'à ce qu'elles aient été remplacées par d'autres, à la formation desquelles tous les citoyens actifs indistinctement seront appelés, en vertu d'une proclamation, que M. le général sera invité de faire à cet effet dans le délai d'un mois, et les citoyens de couleur auront néanmoins, dès-à-présent, la faculté de se faire représenter aux municipalités existantes, ainsi qu'aux autres établissemens qui en tiennent lieu, en se subordonnant à la nouvelle assemblée coloniale, ou aux nouveaux plans d'organisation que nous attendons de l'assemblée nationale ; et les actes desdites municipalités ou des corps qui en tiennent lieu, vaudront jusqu'à l'époque où ils seront remplacés par d'autres, à la réserve néanmoins des actes qui auroient porté atteinte aux droits des citoyens de couleur, lesquels, dès-à-présent, seront déclarés nuls et de nul effet.

7. Les assemblées provinciales et administratives, n'étant point d'une nécessité urgente et indispensable, on attendra, pour leur formation, l'arrivée officielle des nouveaux plans d'organisation susdits ; bien entendu que les dispositions du présent article et du précédent, n'auront leur effet qu'autant qu'une nouvelle assemblée coloniale, légale, constitutionnelle et représentative de toutes les classes des citoyens actifs, ne pourroit, en se renfermant dans les bornes des pouvoirs qui lui sont ou seront délégués par les décrets nationaux, déterminer le mode d'organisation qui convient aux susdites municipalités et assemblées provinciales et administratives. Accepté en ces termes : « Les paroisses qui ont envoyé des députés à l'assemblée provinciale et provisoirement administrative de l'ouest, les retireront sans délai ; néanmoins tous les actes de ladite assemblée subsisteront provisoirement tels qu'ils existent actuellement dans chaque

lieu , en attendant les nouveaux plans d'organisation qui doivent être envoyés par l'assemblée nationale , ou jusqu'à la décision que portera à cet égard la nouvelle assemblée coloniale ; à la réserve néanmoins des actes qui auroient porté atteinte aux droits des citoyens de couleur , lesquels sont dès-à-présent dé-clarés nuls et de nul effet ».

8. Les citoyens blancs de toutes les paroisses de l'ouest rap-pelleront leurs députés à l'assemblée coloniale , révoqueront leurs pouvoirs , et supplieront M. le général d'opérer la dissolution de cette assemblée, si mieux elle n'aime prononcer sa dissolution. Accepté , avec la condition que les actes de ladite assemblée sub-sisteront provisoirement et seront soumis en définitif à la dé-cision de l'assemblée nationale , à la réserve de ceux qui auroient porté atteinte aux droits des citoyens de couleur, lesquels sont dès à présent déclarés nuls et de nul effet.

9. M. le général sera prié par MM. les commissaires blancs et de couleur réunis des quatorze paroisses de la province de l'ouest, de faire dans un mois, à compter de ce jour, une pro-clamation , portant convocation des assemblées paroissiales, aux-quelles seront appellés tous les citoyens actifs indistinctement , aux termes de l'article IV des instructions du 28 mars 1790 , à l'effet de nommer des députés à la nouvelle assemblée coloniale , lesquels seront invités à se rendre à Léogane, pour y déterminer le lieu le plus favorable aux séances de ladite assemblée. *Accepté.*

10. Les citoyens de couleur se réuniront avec les citoyens blancs , pour former les assemblées paroissiales , et seront , comme les citoyens blancs, électeurs et éligibles. *Accepté.*

11. L'inexécution des articles principaux du concordat du 11 septembre dernier , ayant donné lieu à des événemens qui peu-vent être regardés comme des hostilités de part et d'autre, les dispositions de l'article VI dudit concordat, seront suivies pour les événemens postérieurs, comme pour ceux antérieurs audit concordat. *Accepté.*

12. Les citoyens de couleur voulant donner à l'article VII du concordat du 11 septembre dernier, la juste et bienfaisante ex-tension dont il est susceptible , demandent que la mémoire des malheureuses victimes de la passion et du préjugé , soit réha-bilitée ; qu'il soit pourvu par la colonie aux indemnités et aux pensions dues à leurs veuves et à leurs enfans ; que tous procès criminels antérieurs à la révolution , intentés contre les ci-toyens de couleur pour raison des rixes entr'eux et les citoyens blancs, de même que tous les jugemens où le préjugé l'auroit em-porté sur la justice qui est due à tous les citoyens de l'empire, soient revisés.

(9)

Quoique la province de l'ouest se trouve seule représentée au présent traité, les citoyens de couleur désirant que le présent article comprenne tous les quartiers de la colonie en général ; et considérant en outre que l'exécution d'une réclamation si juste peut seule éteindre tout sujet de haines et de divisions entre les citoyens, tous les citoyens de cette province se réuniront pour le faire accepter et exécuter par-tout où besoin sera. *Acccepté*

13. Les articles VIII et IX du concordat du 11 septembre dernier, seront exécutés selon leur forme et teneur *Accepté.*

14. Les qualifications, telles que *le nommé Nègre libre, Mulâtre libre, Quarteron libre, citoyens de couleur*, et autres de ce genre, seront à l'avenir sévèrement défendues ; et on ne se servira désormais pour tous les citoyens de la colonie, que des qualifications usitées pour les blancs. *Accepté.*

15. Les citoyens de couleur sentant plus que jamais la nécessité de l'article XI du concordat du 11 septembre dernier, ledit article sera exécuté selon sa forme et teneur. *Accepté.*

16. Pour parvenir à l'exécution de l'article X du concordat du 11 septembre dernier, d'une manière juste et uniforme, la province entière de l'ouest pourvoira aux besoins de l'armée des citoyens de couleur par-tout où elle sera campée et pendant tout le temps de son activité, ainsi qu'il est dit dans les articles VI et X du susdit concordat. *Accepté.*

17. Les préposés à l'administration, les municipalités, et autres corps prétendus administratifs, rendront compte de l'emploi des deniers qu'ils ont tiré des caisses publiques et des trésors, depuis le commencement des troubles de la colonie. *Accepté.*

18. Pour annihiller tout sujet de haines et de divisions, pour éteindre le souvenir des injustices qui ont été commises envers les citoyens de couleur, il sera fait dans les quatorze paroisses de la province de l'ouest, un service solemnel en mémoire de ceux qni, depuis le commencement des troubles, ont été sacrifiés à la passion et au préjugé. *Accepté.*

19. Aussitôt que le présent traité aura été signé, une députation de la garde nationale du Port-au-Prince, des régimens de Normandie et d'Artois, du corps royal d'artillerie, du corps royal de marine, ainsi qu'une députation de la marine marchande, seront invités à se rendre sans armes sur l'habitation Damiens, pour opérer une réconciliation parfaite avec les citoyens de couleur, qui se rendront au même lieu sans armes et en nombre égal ; cette réunion, pour être plus solemnelle, se fera en présence des commissaires de paix, tant des citoyens blancs, que

des citoyens de couleur représentant la province de l'ouest, et deux membres de la municipalité qui seront députés à cet effet. Après cette cérémonie, chacun se retirera chez soi. Le lendemain il sera chanté, dans l'église paroissiale du Port-au-Prince, un *Te Deum* ; un détachement de quinze cens hommes de l'armée des citoyens de couleur se rendra au Port-au-Prince pour y assister : il entrera tambour battant, drapeaux déployés, et sera reçu avec les honneurs que méritent des citoyens inviolablement fidèles à la *Nation*, à la *Loi*, et au *Roi*, et qui n'ont pris les armes que pour faire cesser les troubles, qui depuis long-temps déchirent leur malheureuse patrie ; il se rendra avec les autres citoyens à l'église paroissiale de la ville pour la cérémonie du *Te Deum*, qui sera chanté en actions de graces de l'heureuse réunion entre les citoyens indistinctement ; ce détachement partagera, dès le jour même, le service de la garde nationale, jusqu'à ce que le régiment de gardes nationales soldées, dont il sera fait mention ci-après, soit formé. *Accepté.*

20. Il sera formé, avec l'agrément de M. le général, un régiment de gardes nationales soldées de deux bataillons, de cinq cents hommes par bataillon ; ce régiment sera composé de citoyens de couleur, qui éliront eux-mêmes leurs chefs, les présenteront à la nomination de M. le général, et seront destinés à la défense de la province de l'ouest ; alors ceux des citoyens de couleur mentionnés dans l'article précédent, qui n'entreront point dans ledit corps, cesseront d'être à la charge de la province de l'ouest. *Accepté.*

21. Le serment fédératif décrété par l'assemblée nationale, qui n'a pu avoir lieu sans la participation de tous les citoyens, sera fait incessamment ; et les quatorze paroisses de la province de l'ouest seront priées d'y participer ainsi que les autres paroisses de cette colonie, si les circonstances permettent de les y appeler. *Accepté.*

22. M. le général sera invité à revenir au Port-au-Prince, qui est le siège du gouvernement, ou à s'y faire représenter par qui de droit. *Accepté.*

23. M. le général sera en outre prié de donner son approbation à tous les articles du concordat du 11 septembre dernier, ainsi qu'à tous ceux du présent traité de paix, et d'en maintenir l'exécution ; M. le commandant pour le roi, l'état-major des bataillons de Normandie et d'Artois, celui de la Marine royale, et MM. les capitaines des vaisseaux du commerce, seront également priés de donner leur adhésion aux susdits concordat et traité de paix. *Accepté.*

24. Le présent traité de paix ayant pour but d'établir d'une

manière uniforme, la reconnoissance et l'exercice des droits de citoyens de couleur dans toute la province de l'ouest, le concordat du 11 septembre dernier aura sa pleine et entière exécution pour toutes les dispositions d'icelui, auxquelles il n'est pas dérogé par les articles du présent traité, qui dans tous les cas servira de règle et de commentaire pour l'exécution dudit concordat ; bien entendu que toutes les paroisses de la province de l'ouest se conformeront aux dispositions du présent article, et de tous ceux insérés dans les susdits concordat et traité de paix. *Accepté.*

25. Pour ne laisser aucun doute sur la pureté des sentimens qui animent les citoyens de couleur, ils jurent avec les citoyens blancs, de toutes leurs forces, la nouvelle constitution, et de verser la dernière goutte de leur sang pour s'opposer au retour de l'ancien régime. *Nous faisons le même serment.*

26. Les citoyens de couleur ne voulant s'écarter en aucune manière de la marche prescrite par l'assemblée nationale pour l'exécution de ses décrets, demandent que le concordat du 11 septembre dernier et le présent traité de paix, soient soumis à son approbation, déclarant s'en rapporter absolument à sa décision sur les articles insérés dans ces deux actes. *Accepté.*

Lecture faite des déclarations et demandes dès citoyens de couleur, les commissaires des citoyens blancs se sont retirés pour délibérer à part sur icelle, à laquelle délibération ils ont employé le reste de la séance jusqu'à dix heures du soir.

Alors tous les commissaires se sont retirés, et la séance a été remise au lendemain jeudi 20 du présent mois, 7 heures du matin, pour être tenue sur l'habitation Damiens.

Les commissaires se sont réunis lesdits jour et heure indiqués sur ladite habitation Damiens, et les commissaires des citoyens blancs ont continué à délibérer à part, jusqu'à trois heures après-midi, pour rédiger leurs observations.

Alors s'étant rassemblés dans un même lieu avec les commissaires des citoyens de couleur, ils ont remis leurs observations sur le bureau.

Lecture ayant été faite desdites observations, la discussion a été ouverte et continuée jusqu'à onze heures du soir, et la séance a été remise au lendemain vendredi sept heures du matin, pour avoir lieu sur la même habitation.

Auxdits jour et heure indiqués, lesdits commissaires se sont réunis sur ladite habitation.

A l'ouverture de la séance s'est présenté M. Picard, comme commissaire de la paroisse du Port au-Prince, suppléant M. Boyer, en vertu du dépouillement des scrutins de l'assemblée de ladite paroisse.

La discussion de la ville a été continuée jusqu'à six heures du soir, et les observations et réponses des commissaires des citoyens blancs ont été rédigées et acceptées par les commissaires des citoyens de couleur, et écrites en marge des demandes de ces derniers.

Lecture ayant été faite de nouveau, tant des déclarations et demandes des citoyens de couleur, que des observations des commissaires des citoyens blancs mises en marge d'icelles, et le tout ayant été mûrement examiné et discuté comme il a été dit ci-dessus, il a été reconnu que les dires de MM. les-commissaires des citoyens de couleur contiennent vérité ; que leurs demandes sont justes, que leurs précautions n'ont pour but que la sûreté publique et individuelle, et ne tendent qu'à ôter aux ennemis du bien public tous les moyens de troubler la paix et la tranquillité dont cette colonie est privée depuis long-temps, et dont elle a grand besoin de jouir désormais.

En conséquence, il a été arrêté de la part de MM. les commissaires des citoyens blancs, que tous les articles ci-dessus et des autres parts, sont et demeurent arrêtés, ainsi et de la manière qu'ils ont été acceptés en marge de chacun desdits articles, et qu'ils seront paraphés des président et secrétaires au bas de l'acceptation.

Et de la part de MM. les commissaires des citoyens de couleur, il a été déclaré qu'ils agréent l'acceptation et les réponses mises en marge de chacun des articles insérés au présent traité de paix, et consentent, par amour pour la paix et la tranquillité, à ce que lesdits articles, tels qu'ils ont été acceptés, soient exécutés selon leur forme et teneur, jusqu'à ce qu'il en ait été autrement décidé par les décrets de l'assemblée nationale, sanctionnés par le roi, et sans que pour raison de ce consentement. on puisse leur reprocher de s'être écartés de l'esprit des décrets nationaux ; que vu la confiance dont MM. les citoyens blancs viennent de leur donner des preuves authentiques, ils ne s'occuperont désormais que des moyens de leur prouver leur inviolable attachement à leurs intérêts et à leur bonheur ; que pleins d'admiration pour ce noble retour aux principes qui seuls peuvent opérer la prospérité de tous les colons, et dans l'impossibilité de trouver des expressions qui puissent rendre les sentimens qu'ils éprouvent dans ce fortuné moment, ils jurent de faire cause commune avec les citoyens blancs, de verser la dernière goutte de leur sang pour la défense de leurs personnes et de leurs propriétés, et de travailler de concert à l'exécution ponctuelle et littérale de tous les décrets et instructions de l'assemblée nationale, sanctionnés par le roi.

Il est convenu en outre, qu'il sera fait quatre minutes du présent traité de paix ; savoir , une pour être envoyée à l'assemblée nationale , une pour les citoyens blancs des quatorze paroisses , laquelle sera déposée au greffe de la municipalité du Port-au-Prince ; une pour l'armée des citoyens de couleur , et une pour M. le général , lesquelles seront toutes signées par chacun des susdits commissaires , et que copié collationnée dudit traité de paix sera envoyée à chacune des quatorze paroisses de la province de l'ouest.

Arrêté en outre que, tant le concordat du 11 septembre dernier, que le présent traité de paix, seront imprimés à la suite l'un de l'autre, au nombre de trois mille exemplaires.

Fait sur l'habitation Damiens, en quadruple, cejourd'hui vingt-un octobre mil sept cent quare-vingt-onze.

Le présent traité de paix ayant été présenté à la signature, les commissaires des blancs de la paroisse du Port-au-Prince ont observé que les articles XIX et XXIII concernoient plusieurs corps, que les citoyens n'avoient pas le droit d'obliger à leur exécution, et ils ont demandé à faire lecture desdiis articles auxdits corps avant de signer : sur quoi il a été arrêté qu'il seroit remis aux commissaires des citoyens blancs de ladite paroisse, une copie des demandes et des réponses ci-dessus, laquelle leur a été remise, signée des commissaires des citoyens blancs des autres paroisses ; en conséquence, la signature du présent traité a été renvoyée après le retour desdits commissaires.

Et le dimanche vingt-trois du même mois, à sept heures du matin, les commissaires des citoyens blancs étant de retour sur l'habitation Damiens, et tous les autres commissaires y étant réunis, ils ont tous signé le présent en quadruple minutes.

D'Oleyres. Levdier. Beaudoulx. Jean Drouin. Grasset. Hugville jeune. J.-J. Raboteau. Pongaudin. Sterlein cadet. Savary aîné. A. Rigaud. Cyprien Jolly. Lazare Perodin. Marc Borno. Alexandre Petit-Boit. Pétion. P. Pellerin. B. Nivard. Barthélemi Medor. Doyon aîné. J. Borno aîné. Caradeux. Chev. Lepinard. A. Dugla. Deslandes. J. B. Paul. E. J. Guieu. Barbancour. River. Laquinte de Clavin. Poisson. J. Jolly fils. P. Michel le Blanc. F. Périsse. Cottin. Louis de Clavin. Juste Drouillard. Du alis. Feneyrol. Damaud. Dutau. Saljuzan. Ch. Olivier. Tiby aîné. P. Coquillo ; J. B. Lapointe. Beauvais. Avril. Dufour. Hamon de Vaujoyeux. J. L. Allener. Camfrannq. Chanlatte fils. Leremboure père. Piccard. Pinson fils. G. Catherinot. Vincendon du Tour. Delagroix. Lathoison Desvarreux. P. Pinchinat. Dubourg Tavet.

L'an mil sept cent quatr-vingt-onze, et le dimanche vingt-troisième jour du mois d'octobre, en exécution de l'article XIX du traité de paix fait entre les commissaires blancs et les commissaires des citoyens de couleur de la province de l'ouest, les dix-neuf, vingt et vingt-un du présent mois, et signé ce jour, les députations de la garde nationale de la paroisse du Port-au-Prince, des bataillons de Normandie et d'Artois, du corps royal d'artillerie, du corps de la marine royale, de l'équipage du *Borée*, du corps de la marine marchande, et un nombre égal de citoyens de l'armée campée au bourg de la Croix-des-Bouquets, se sont rendus au Pont-de-Vallière, et ensuite sur l'habitation Damiens ; et lecture ayant été faite par M. le maire de la municipalité du Port-au-Prince, en présence de M. Clery, substitut du procureur-syndic de la municipalité, et de tous les commissaires du susdit traité de paix en entier, à haute et intelligible voix ; lesdits citoyens blancs et de couleur se sont donnés réciproquement les témoignages les plus authentiques de réconciliation ; et après avoir prêté le serment civique, ils ont tous jurés de maintenir ledit traité dans tout son contenu, et de regarder comme ennemi du bien public quiconque refuseroit de l'exécuter.

Fait sur l'habitation Damiens, les jour, mois et an que dessus, et ont les susdits commissaires signé. (Suivent les signatures comme au traité.)

Discours prononcé par M. le maire du Port-au-Prince, à la suite de la lecture du traité de paix.

MESSIEURS,

Qu'il est beau ce jour où nous pouvons dire avec vérité que nous sommes tous frères et amis !

Qu'il est beau ce jour où deux classes de citoyens divisés jusqu'ici se mêlent et se confondent pour n'en faire à l'avenir qu'une seule !

Qu'il est beau, enfin, ce jour où une réconciliation entière, franche, loyale, rapprochant tous les cœurs, éteint tout souvenir du passé, et ne laisse plus voir devant nous que des jours tranquilles et heureux, passés dans les douceurs de la confiance et de l'amitié !

Nous sommes donc, de ce jour, frères et amis ; nous scellons en ce moment la paix et la réconciliation.

Jurons tous, promettons-nous tous de nous soutenir et de nous défendre mutuellement, d'être tous les protecteurs du bon ordre et de la sûreté publique. Unissons-nous pour la cause commune, et ne connoissons d'autres ennemis que les ennemis du bien public. Jurons de regarder et de traiter comme perturbateurs du repos public tous ceux qui contreviendroient au présent traité. (*Ici toute la députation a crié : nous le jurons.*)

Citoyens de couleur, mes amis, vous perdez ici cette dénomination ; il n'existe plus de distinction, plus de différence. Nous n'aurons à l'avenir, tous ensemble, qu'une même qualification, celle de citoyen.

Que la sincérité préside à un contrat aussi solemnel et aussi sacré ; que les expressions de la bouche ne soient point démenties par les sentimens du cœur. Promettons-nous tons amitié, franchise, loyauté ; et que les témoignages que nous nous donnons ici soient le gage d'une paix et d'une union durables à jamais. (*Toute la députation a dit : Nous le jurons.*)

Et vous, braves militaires de Normandie et d'Artois, du corps d'Artillérie, de la marine royale et marchande, de l'équipage du vaiseau le *Borée* ; vous tous enfin qui êtes ici présens, partagez notre satisfaction, et mêlez vos élans aux nôtres.

C'est à vous que nous sommes redevables de notre état ; c'est vous qui, dans tous les temps, nous avez secourus, soutenus. Vous savez, à la guerre, montrer que vous êtes de braves militaires, comme vous savez à la paix montrer qxe vous êtes de bons citoyens. Recevez ici tous nos sentimens d'amitié et de reconnoissance.

Il ne manque plus à notre bonheur qu'une chose, c'est de la rendre durable ; c'est d'écarter loin de nous tour ce qui peut troubler l'ordre et la paix ; c'est de ramener la confiance, la tranquillité, la sûreté publiques. Que la loi soit observée ; que ceux qui commandent soient obéis ; voilà notre vœu à tous : et, pour qu'il soit bien rempli, finissons un acte aussi solemnel par un serment sacré, et disons tous : Je jure d'être fidèle à la *nation*, à la *loi* et au *roi*, et de contribuer de tout mon pouvoir à la tranquillité publique. (*Nous le jurons.*)

<hr>

DE L'IMPRIMERIE DU PATRIOTE FRANÇOIS, place du Théâtre Italien.

www.ingramcontent.com/pod-product-compliance
Lightning Source LLC
Chambersburg PA
CBHW061558050726
47595CB00009B/3883